萬木草堂藏中國畫目

康有為手稿

文史哲出版社印行

萬木草堂藏中國畫目/康有爲著. -- 初版--臺
北市：文史哲,民 100.07 印刷
頁;　公分
ISBN 978-957-547-764-6（平裝）

041.11

萬木草堂藏中國畫目

康有爲手稿

著　　者：康　有　爲
釋 文 者：蔣　貴　麟
出 版 者：文 史 哲 出 版 社
http:// www.lapen.com.tw
e-mail：lapen@ms74.hinet.net
登記證字號：行政院新聞局版臺業字五三三七號
發 行 人：彭　正　雄
發 行 所：文 史 哲 出 版 社
印 刷 者：文 史 哲 出 版 社
臺北市羅斯福路一段七十二巷四號
郵政劃撥帳號：一六一八〇一七五
電話886-2-23511028 · 傳真886-2-23965656

定價新臺幣三二〇元

六十六年（1977）八月初版
一百年（2011）七月再版

ISBN 978-957-547-764-6　92011

景印萬木草堂藏中國畫目序

萬木草堂藏中國畫目者，先師康南海先生丁巳復辟避居美使館時論畫之作也。嘗憶民國丙寅，先生講學歇浦，重午佳日，召諸生集於所居天游堂，餉以角黍，並出家藏唐宋元明清名畫數百件，展閱指點，若荊浩巨然之山水，李思訓李昭道之宮室人物，徐熙黃筌黃居寀之花鳥，貫休之佛像異獸，宋徽宗九駿圖，張擇端清明上河圖，李早白描回部騎兵大閱圖，王叔明吳仲圭倪雲林之山水圖，沈石田文徵明唐寅之樓閣人物，八大山人之花鳥，仇十洲之人物，以及其他畫家所繪山水樹石仕女走獸花卉禽魚蘆雁果蔬之圖，琳瑯滿目，靡不精妙，神遊心賞，咸歎觀止。先生進左右莞爾而言曰：所藏者非全係眞蹟。蓋唐宋元明，代有名作，惟傳世者，大半贋本。善收藏之家，或有佳本，然亦眞僞難辨。鑒別名畫，非自擅六法，不能道其竅要。以余所見，有贋本勝於眞本者，未必後人之不如古人也。宋元人作畫，多有不題欵者，有欵者亦於樹根石角題名而已，故僅據題欵，鑑別眞僞，皆揣摩影響之言。實則畫之優劣，何必拘拘古今，果能超出前人，雖假作亦佳品也。至於斤斤眞贋，評定價値，此市儈所爲，非鑒賞繪畫者也。徧觀世界畫院，十五世紀前，大地之畫無如中國宋畫者。吾國畫自荆關董巨後，山水方滋，元明以還，高談氣韻，專事寫意，攻宋人院體界畫爲匠筆，虛造邱壑，謂寫胸中逸氣，於是中國之畫學衰而垂絕矣。方今萬國制器，通商惠工，各競畫美，有利於民生富源也。故繪圖須徧及於器物，則畫筆正須委諸匠人，寫形畢肖，以便通商而開富源，豈可守舊不變乎？是則先生論畫以形神爲主，而不取寫意，以着色界畫院體爲正法，而以墨筆粗簡士氣爲別派，所以救五百年來畫論之偏謬也。顧此書鏤版於六十年前，絕版已久，喪亂以來，流存益少，今始蒐得，據以影印問世，以供究心畫論者研究之資云爾。丁巳仲夏門人武進蔣貴麟謹識。

萬木草堂藏畫目

中國近世之畫衰敗極矣蓋由畫論之謬也請正其本探其始

[illegible][illegible]訓爾雅云畫形也廣雅畫類也說文畫畛也釋名畫挂也書傳彰施五采作繪論語

繪事後素盤則畫以象形類物界畫著色為主其能少豫之哉陸士衡曰宣物莫大於

言存形莫善于畫張
彥遠曰留乎形容式昭
盛德之事具其成敗
以傳既往之蹤記傳所

以敘事不能載其
形賦頌所以詠其美
不能備其象圖畫之
制所以兼之也書

蓋以勸是惡之心戒
也為夫傳神阿堵象
形之迫肖云爾般取神
即可棄形更難寫意

即可意形也徧覽百
國作畫皆同於今歐美
之畫與六朝唐宋之法
同惟中國近世以禪入

畫自王維作雪裏芭蕉
得後人誤為之蘇米
攙筆飛似倡為士氣
元明大攻界畫為匠

筆而擴充之夫士夫
作畫安能專精體
物勢必自寫逸氣
以鳴高托與寫山川

為間寫花竹平生

簡率荒略而以氣

韻自矜此為別體

以為一九專精體物態

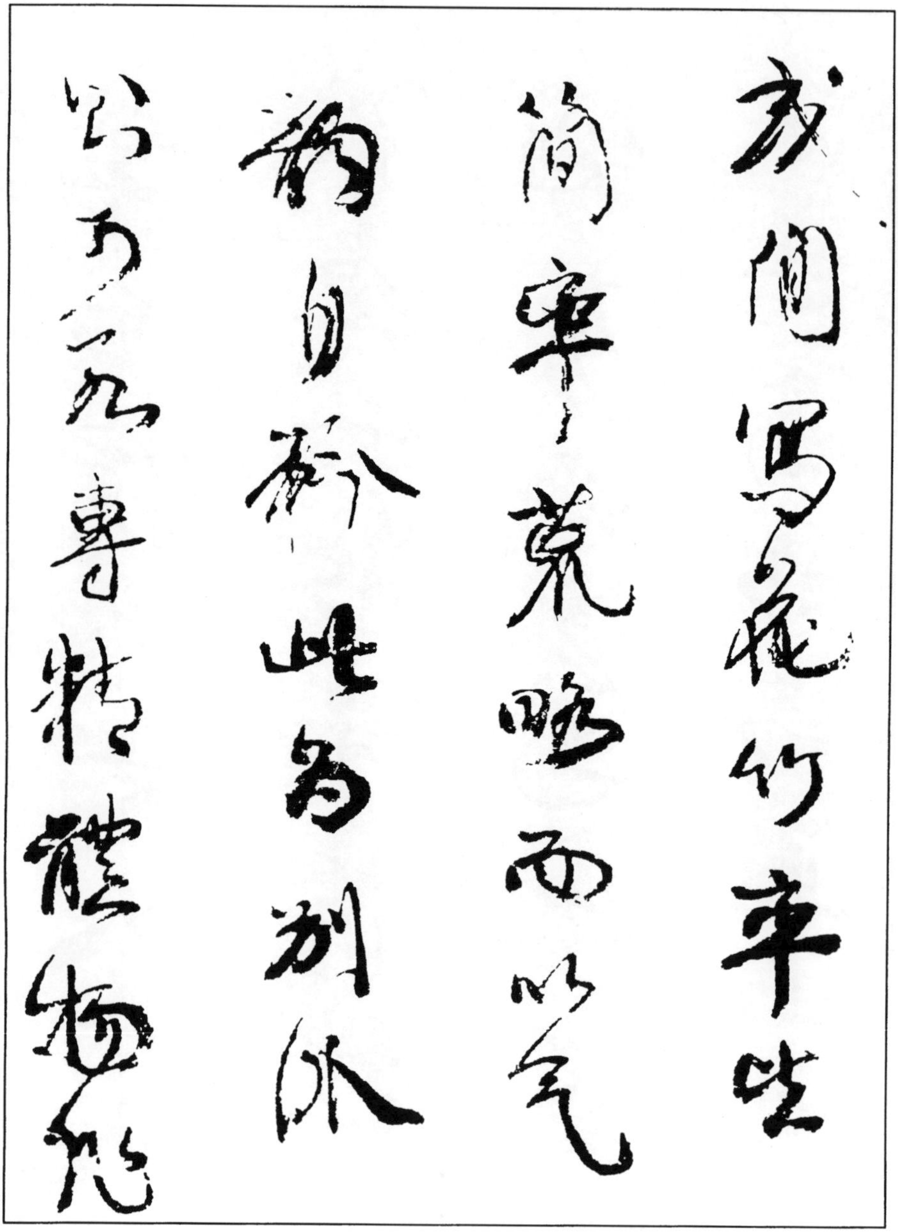

近人畢生專精爲之
者以鄙將中國況橫
畫匠此中國近世畫
所以衰敗也昔人請

黃筌寫生鳥鳴引
頸伸足為謬謂鳴
時引頸則不伸足伸
足則不引頸夫以黃

筌之精工專詣積誤
謬而謂士夫游藝之
條能盡寫物之性歟必
所可為矣鑒則專貴

士氣爲寫畫正宗豈
不謬哉今特矯正之以
形神爲主而不取寫
意以着色界畫爲正

而以墨筆粗簡者為
別派士氣固可貴而
以院體為畫正法應
救五百年來偏謬之

畫論而中國之畫乃可醫而有進取也々工商百為皆藉于畫畫不改進工商無可言

此則鄙人藏畫論畫之意以復古為更新海內識者當亦同美我言耶

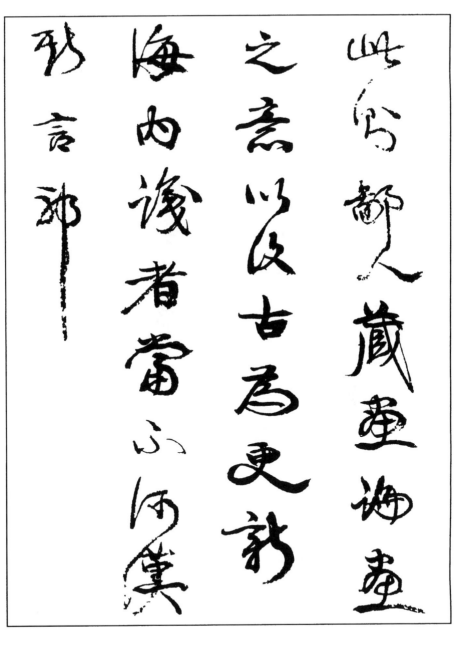

唐畫

吾見唐畫鮮少偶見之亦不敢信自燉煌石室發現有所

信據則唐畫以寫
形為主色濃而氣
厚用筆多拙勁有
一二武梁祠畫像

意甚古者則愛至
古並精深妙麗
實不若宋人也唐
人尚山水如摩詰

遂爲創祖五代
荊關董巨乃摹
北宋真山水而集宗
以開宋法盛實由文

唐之極抵而尊以
生氣者終非唐人所
致吾于唐也仍以為
夏殷之忠質焉

楊庭光地獄變相圖

立軸

始吾見唐畫而多而敢決定後見敦煌所出唐畫略同乃信真蹟

鄭虔雁宿圖

長馬盈文

絹本

鄭廣文畫少見真者難得也
然精深華茂自是宋元筆

韋无忝人物 冊幅 絹本

殷敘人物 冊幅 絹本

李思訓蘆雁　立軸絹本　或是昭摹

李思訓宮室人物　立軸絹本

李昭道宮室人物　立軸絹本

此二李將軍畫無佳妙然是

摹本耳

五代畫

荊關董巨之山水

徐熙黃筌周文矩

之花鳥人物貫休

之佛像異獸皆冠百代爲畫宗師者矣哉五代之畫也由質而文之尊師也但宋無所不備而五代

諸名家皆入于宋格
吾總收之宋畫而
特尊之
荊浩山水 絹本立軸
似是明後摹本

巨然山木猴鳥立軸 絹本

有吳仲圭題襌妙獨出

布局運筆皆精人形莫与

江南顧氏所藏筆法同

真蹟可寶

貫休

佛像冊一幅絹本

獸冊一幅絹本

南唐畫

徐熙花鳥　立軸　絹本

周文矩唐明皇放蝶圖　立軸　絹本

又士女圖　立軸　絹本

後蜀

黃筌九安雙壽圖 立軸 絹本

黃居寀花鳥冊一幅

又花卉冊一幅

黃居寶花鳥 立軸 絹本

吳越

杜霄花蝶　冊幅一絹本

宋畫

畫至于五代有唐之朴

厚而新，用精深華妙之體，至宋人出而集其成，無體不備，無美不臻。且其時院體爭奇競新，甚且以之試士

此外今歐美之畫物質
尚未之及吾遍遊歐
美各國頻觀于其
畫院考其十五紀前
之畫皆為神畫甚多

復化為印度羅歐
波斯之畫尤極偉芸
味自捨以入矣故論
大地萬國之畫當
西十五紀前其有采

中國爲印吾中國
寫爲焦陸王吳大
概如出于蕭古遺七
鄭齋以爲中國之畫

六朝宋而後變化
至極非六朝唐所能
及如周之文監二代
而郁郁非夏殷所

能比也故敢謂宋人
畫為西十五紀前
大地萬國之最後
有識者當能証明

之吾之搜宋畫為考其源流以吾國人士知所從事焉

更甡

范中立雪景圖一卷

絹本

有黄山谷宋江釣雪詩大字故為范黄合璧題者也數藏家印章如林舊為吾粵孔氏藏名蹟也珍護之

高益七猛醒賢圖 一卷 絹本

奇偉精整

徐崇矩花鳥 立軸 絹本

宋劉道醇品高益之物為神品畫歟

立妙品居黃筌父子周文矩上

鄭何協蘆花秋色圖

冊幅一 絹本

蘇漢臣支仙攜龍圖 絹本軸

易元吉寫梅雀兔圖

立軸絹本　油畫逼真　奕奕有神

宋澥山水冊幅一絹本　潤高逸　蓋我宋人品畫以與李成齊比者

油畫與歐畫全同，乃知油畫出自吾中國，吾志焉

哥波羅以中國油畫傳至歐洲而後基多璉騰桂能不乃發之觀歐人畫院之畫十五紀之前無油畫可據此吾創論後人當可證明之即歐人

十四紀十三紀有油畫亦
在馬可波羅後耳
趙永年雪犬冊幅一絹本
趙大年弟以畫犬
油畫奕奕如生
名者可寶
龔吉兔冊幅一絹本

油畫

陳公儲畫龍冊幅一絹本

油畫公儲固以龍名而

此為油畫尤足資考證

以上皆油畫國人所以

見沈子封布政久于京

師閱藏家至多而數
賞鑒者說爲未見也
閱中外畫學源流宜永
珍藏之

李龍眠佛像冊幅一
又白描羅漢 長方 紙本 筆力奇絕

又白描羅漢　冊幅十二

王晉卿青綠山水　卷

又人物　立軸

李迪

耄耋圖　卷　絹本　妙逸入神

又幽禽茶竹圖　卷　絹本

名家題跋及藏家印

右多真讀佳者二畫
皆珍藏

徐易荷花白鷺立軸紙本
蝶冊幅

道宏佛像

維真和尚寫如來像

二畫法高遠　維真寫人物在神品者

崔白鷹　立軸　絹本　絹六破裂　神氣如生

徽宗九駿圖卷　絹本　有徐天池跋船山題真蹟可寶

白鷹　立軸　絹本

花鳥　卷　絹本

吳元瑜（秀州）花卉　立軸　紙本　宋人真蹟

石恪佛像　冊幅一　絹本

王凝貓蝶　冊幅一　絹本

徐知常仙女採藥圖 絹本挂軸

辛成人物 冊幅一 絹本

辛成寫富獸在能品

樓觀人物 冊幅一 絹本

蘇過山水 立軸 絹本

題詩及畫筆超邁活潑有父風

張擇端清明上河圖
長爲四丈餘布精細如髮
人物妙麗精妙入神有十
洲印在爲來當是十洲藏
印識跋真亦十洲以前物

雷宗道佛像 立軸紙本

賈公傑如來雙樹圖 絹立軸紙本

二畫道為佛像精妙者

盧道寍山水 絹本軸精康

趙千里山水樓閣人物

立軸三 絹本 一張者穠係華妙

宜珍藏

賞桂圖 立軸 絹本

已贈美使芮恩施

諸獻王趙顥 花卉 立軸二

皆絹本

北宋人妙品雅逸

趙伯驌洗馬圖

又海山樓閣圖

李晞古長夏江寺圖　卷　絹本

名家著錄精妙之極宜

珍藏

又山水樓閣人物　立軸　絹本

馬興祖荷花白鷺　立軸　絹本

劉松年山水殿閣人馬　立軸　絹本

又人物　冊　[illegible]幅　[illegible]跋　[illegible]

又蘭亭修禊圖　絹本　寫

又人物　冊　幅

夏珪山水　大立軸　絹本

雄厚奇逸可寶

馬遠雪景圖　立軸　絹本

馬麟漁家樂圖 立軸 絹本

神氣逸妙吾所嘆賞

陳居中東坡洗硯圖 小立軸

魯宗貴大戲圖 立軸 絹本

宗貴以畫犬以名

趙子固花鳥　立軸　絹本

又花鳥冊幅二

精妙

胡良史山水　立軸　絹本

穠深

孫珍花草冊幅

李德柔山水　立軸　絹本
朴拙古自是唐人遺意

明達皇貴妃神像　冊十幅　紙本

姜泓似花鳥　立軸　絹本
精意

李隱訓牧馬圖　絹本寫

錢舜舉靈芝獻壽圖

屏十二幅 絹本

百花百鳥皆備花鳥有中國所無而南美洲乃至者至著色亦有以所蓄者爲

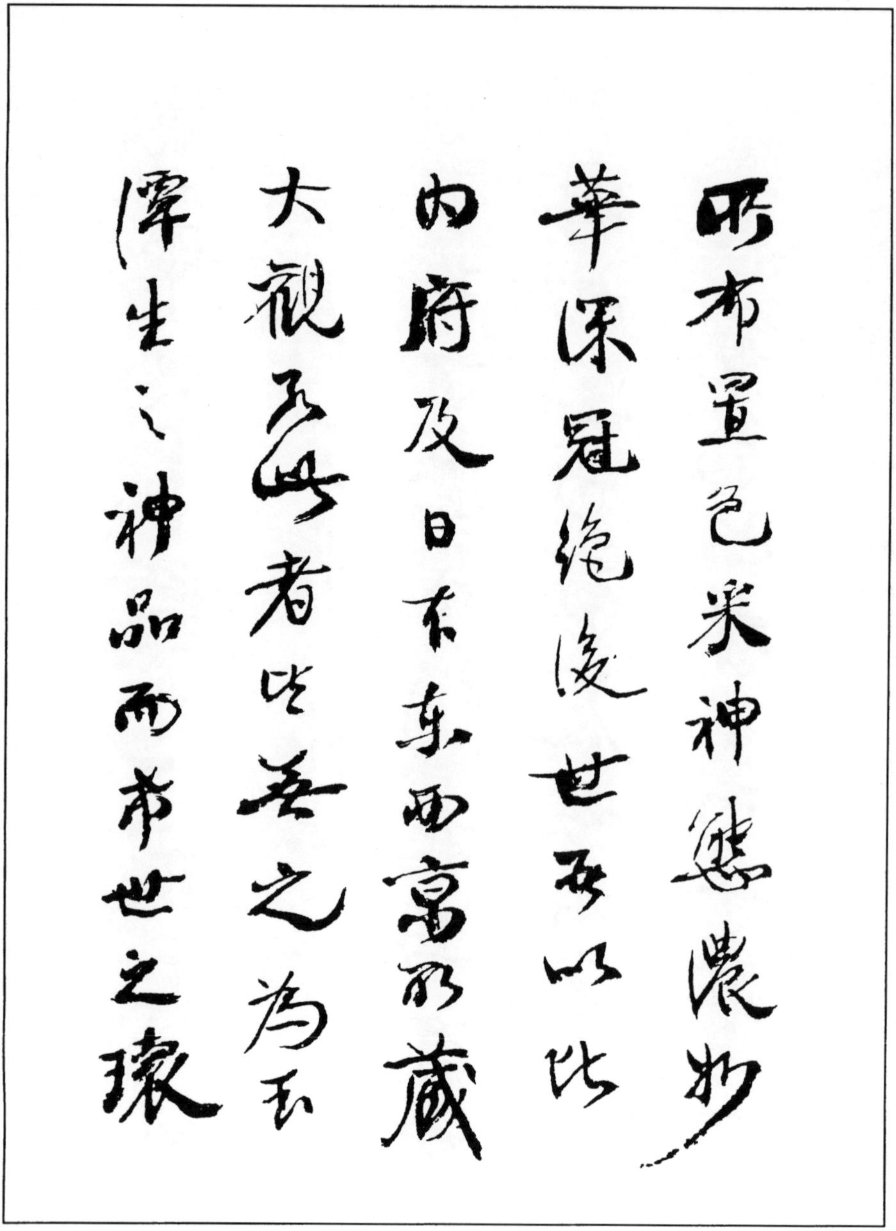
所布置色采神態濃妙
華深冠絕後世予以此
內府及日本東西富豪所藏
大觀五
者比較之為玉
澤生之神品而希世之瓌

寶也　內府及東西京出據畫院所陳列

又時苗留犢圖卷絹本

又桃源圖　馬絹本

二馬秀奪山緣神品也

又山水人物圖　馬絹本

圖相

仁宗睿皇帝題賜大學士彭元

瑞者

宋無名氏雪景圖　大立軸　絹本

穠深精妙宋人之近唐者吾家寶之

宋無名氏畫人物花卉　十幅絹本

宋

善名氏畫花卉山水人物

冊幅十　絹本　有北宋者

第一幅御題未審何帝

此畫冊為鄧完白累世藏

本至曾孫贈我者我仍學

西州以六百金購得華妙

伊朱曾見

宋無名氏百鳥圖 馬絹本

筆妙精風

宋無名氏異獸圖 絹本 軸

異獸四十有頭古文繪之剛角觚

宋無名氏羅漢神異圖

穠逸茂異神齋品也

元人地大故見此能論意莫也

所見出南非西此有之疑元時畫

白人號為麒麟者歐人博物院

絹本寫

廿二羅漢着色布局莫公

佛果齋逸

宋無名氏梅花美人圖

絹本挂軸色相飄妙

宋無名氏水村驛樓圖　絹本挂軸

宋無名氏山水　絹本挂軸

精深穠蒼後人名家莫由及之

宋無名氏仙女採藥圖

大挂軸　絹本　穠厚

宋人無名氏花鳥

宋元人作畫多不題名凡吾所藏宋人無名者皆佳品即是鑑夏珪亦無名不過據梅道人視杖山兩信之印吾它題名

者亦是足貴從是以後人妄加
者以畫之佳不爲主而以異爲
寫景異獸花圖是侍主名哉
舊見黃居寀百鳥圖々
與之相彷彿也此可寶
藏

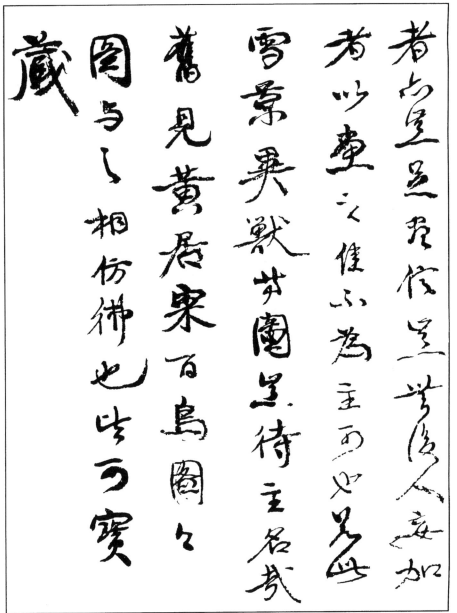

金畫所藏甚夥甚可置御

虞仲文馬冊幅絹本

李早白描回部騎兵大閱圖

長卷紙本閱兵大觀超妙也

又金人畫小冊觀李早如名

家固可珍

元畫

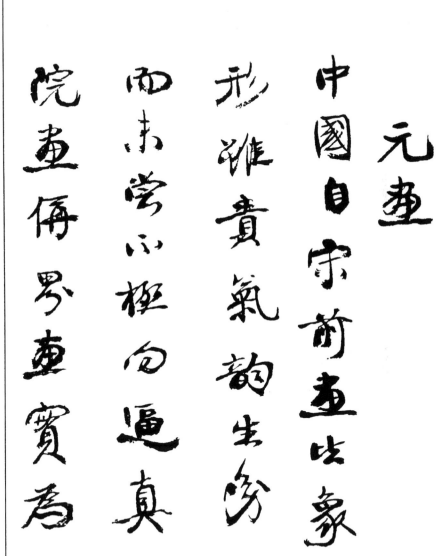

中國自宋前畫皆象形雖貴氣韻生動而未嘗不極逼真院畫偁界畫實為

必鑑賞可議者之歟
人尤爲之自東坡謂義
高論以禪品畫須作
畫必須似見與兒童

鄭所畫馬必須立
牝牡驪黃之外于
是元四家大癡雲林
叔明仲圭出以其高

士逸筆大發寫意
之論而改院體尤改
界畫遠祖荊關董
巨近取營邱華原專
掃漢晉六朝唐宋之

畫而以寫胸中邱
壑為尚于是明清澂之
爾來論畫之書皆為寫
意之說擯所寫形累
畫作為匠體摩盲同

宮徵之論日後生攏出
學畫皆為所蔽奉為
金科玉律不敢稍背
繩墨而以為犯大不
韙見屏識者高天

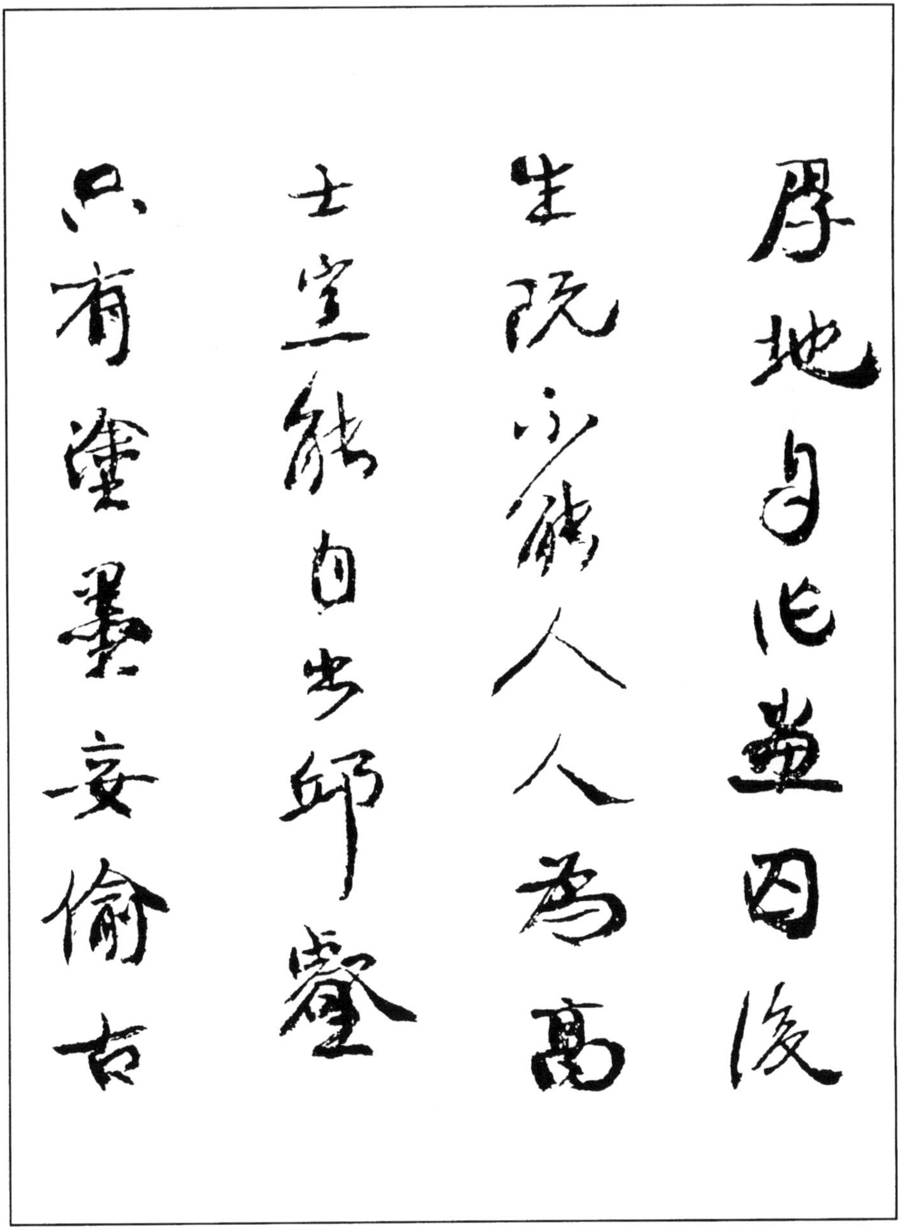
厚地自化畫因後
生既不能人人為高
士豈能自出邱壑
只有塗墨妄偷古

人粉本誇寫枯澹之
山水及小類之人物
花鳥而已若將作之
圖建章宮千門百戶

戎長楊羽獵之千

乘秀琦武清明上

河之五陸舟車風俗

台瞳于闊莖而紋

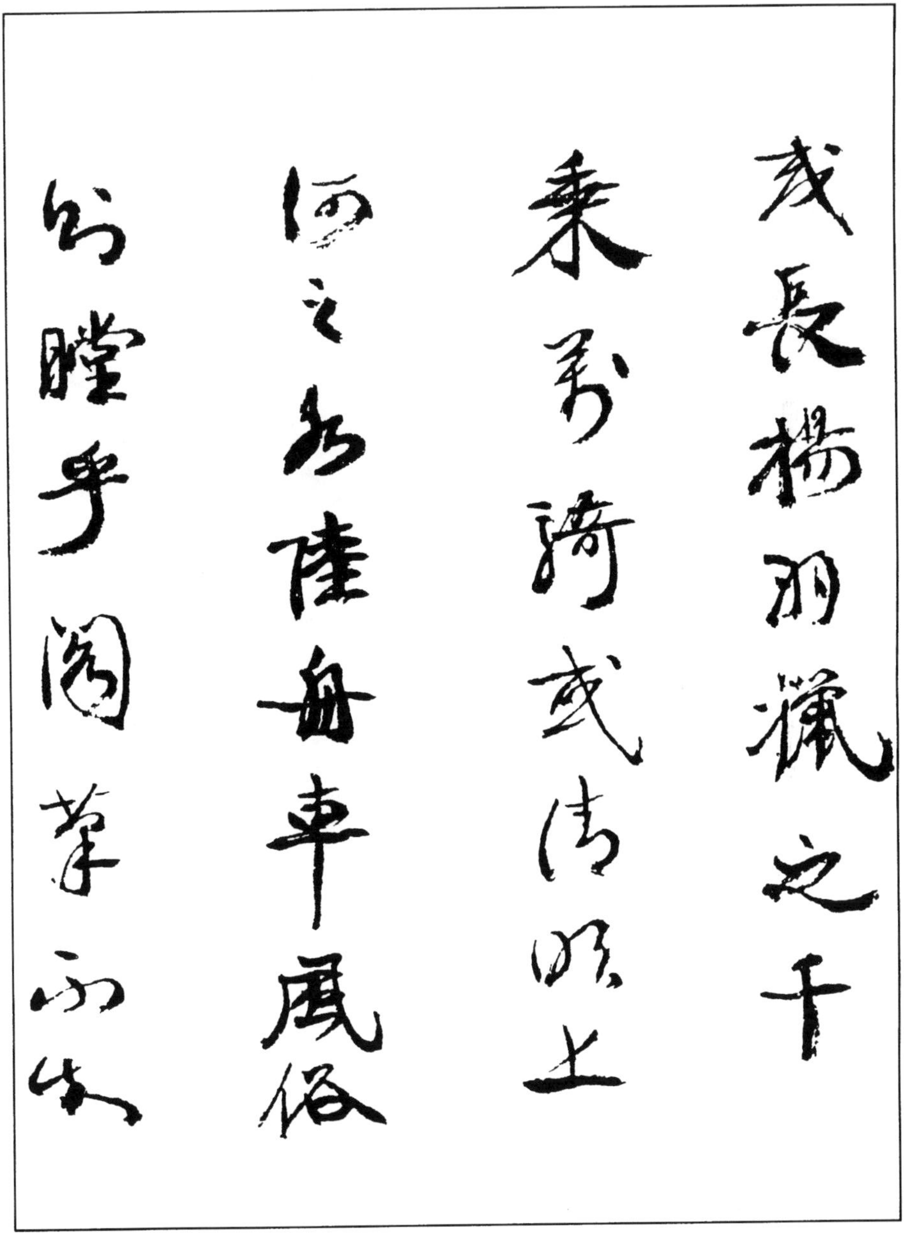

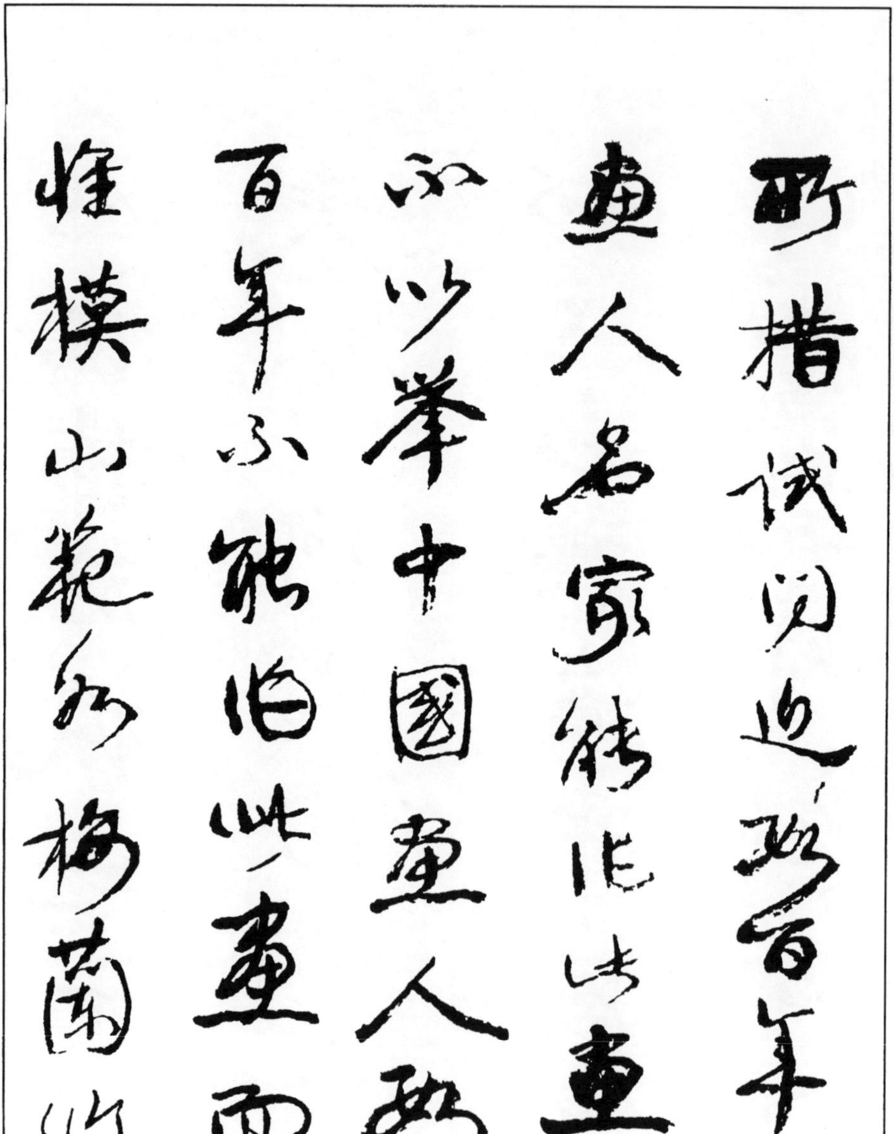
可惜試問近數百年
畫人名家能作此畫
亦以筆中國畫人數
百年不能作此畫而
惟模山範水梅蘭竹

蕭蕭條之數草寫大
號曰名家以此而與歐
美畫人競亦其為持
抬鎗以與五十三生的

之大砲戰乎蓋中國
畫學之衰已今為極
矣吾不能不追原此
偏以歸罪于元四家

也夫元四家皆高士
其畫超逸澹遠與
禪之大鑒同耶
歟人亦自有如粉畫

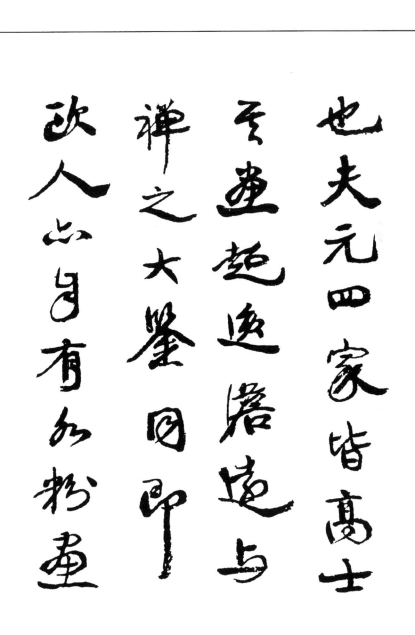

墨畫尚以逸勝用
筆精而簡爲正宗吾
于畫法無害吾于
四家遂未嘗不好之長
者但以爲逸品亦奇

唐宋之正宗云尔惟國人陷溺已深此當亦大呼以救正之

趙子昂秋林馳馬圖
立軸絹本着色
繼宋院畫象形之格開
元四家寫意之境氣韻
生動神品也且開畫學
正宗源流珍藏之

又高臥圖　卷紙本　逸品

又八駿圖　大横軸廣盈丈　紙本

神奇變化前無古人後無來者

絹本冊幅一

又山水圖　神妙

又青綠山水 絹本 立軸

又山水圖 立軸 絹本 當是摹本

上峭崖垂籐勒馬渡橋秀峭甚

趙管合璧卷 多一幅 已贈婿羅昌及其同學

管夫人竹 立軸 絹本

又竹 冊幅 紙本

趙仲穆人物 冊幅一 精品

又 人馬 冊幅一 精品

又 蘇武牧羊圖卷

又 拏吹笛圖 絹本 軸 秀采 精品

趙子俊人獸 冊幅一

王振鵬羅漢圖八幅冊精采

又鄉俗圖二幅冊

王若水花鳥立軸絹本

又蘆雁立軸二絹本

又山水冊

威洪岩下女仙馴象圖　絹本　挂軸

耶律楚材花卉　立軸　絹本

色采神態皆絕出相業之隆而藝精若此　已贈美使芮恩施　立軸

胡庭暉青綠山水　絹本

精深

顧秋月桃源圖　立軸　絹本

精能之已歐畫藝以為
之界畫之工歎觀止矣

馮君道花卉 立軸 絹本 保穠

又枯木寒鴉圖 橫軸

又山水花鳥 冊幅

王叔明山水卷　紙本　廿三歲作也　精深同晚筆

太清道人奕郡王繪藏並有題詞副葉書顧太清詩詞多

萬仙樓居圖卷　紙本

又山水冊幅

又山水　絹本　立軸　武億題簽

吳仲圭山水 立軸二 紙本

又漁舟圖軸 廣東海山仙館舊藏

又風雨收舟圖 立軸

倪雲林山水 立軸 似摹本

吾邑大癡畫為缺典此卷嘗在南宮

盛子昭層巒疊嶂圖

立軸絹作雄蒼

又人物冊幅

丁野夫灌口搜山圖（三）

長幾丈神怪雜沓奇偉

蒼倫

方方壺山水 立軸 紙本

神似花中之高伴 七頁

又山水冊幅

曹知白寫趙文敏像 立軸

題者如林精品也

王翬松屋著書圖　紙本　軸

高遲馬　冊幅

六油畫与前各油畫合冊

寫瘦馬迥異珍品

田景延人物　冊幅

元人名氏金山圖 立軸 絹本

元人名氏山水人物 立軸二 叢深洱蒼之石

元人名氏李太白草荅蠻書圖 立軸 絹本 又有名楊妃捧硯圖

元無名氏蠶織 卷 絹本

元無名氏花鳥 立軸 絹本

元無名氏劉阮天台圖 立軸 紙本

元無名氏山水人物 軸 卷 絹本

宋元人作畫多不題名

失名者率多真蹟佳

元無名氏青綠山水 絹本軸 梁懷之正

冷謙花卉 絹本 冊幅

余稱花鳥 立軸絹本余稱善 考畫似元人故附焉

明畫

凡物窮必變宋畫
精工既極自必不
變爲逸筆亦猶朱
學盛極陽明學出
爲明代惟宋元四家

元人家不點雲林者
以為俗物然吉宋不
遠明中葉前畫人
多學宋畫仍雖不
出名之畫人亦多有

精深華妙之畫甚
可觀矣吾晚好元
四家一洗畫院氣
光主盛畫人多逸
筆即學元畫亦宜

取焉

徐幼文山水 立軸 絹本

超逸之至

王孟端山水 立軸 絹本

精奇高妙与幼文方駕

又山水軸 紙本

此学梅道人者

宋克山水　冊幅

宋克在明初山水名高

夏仲昭竹　大立軸

淋漓妙逸能品

戴文進山水　立軸

王廷直人物　冊幅八

暈染畫真 此乃畫正格亦能以勝謝之

方鉞花鳥

林良何伯圖 立軸

又鶴石 冊幅一

王寵松石 絹本 軸

沈石田西池夜宴圖 卷 紙本

人題者妙十蒼渾高古
真蹟之有據者吾石田畫
古多以此為家
春試馬圖
雄秀絕倫戊戌抄後燬因此畫于香港癸卯除夕記
氏作
大立軸
山水長卷
趙文徵作
破裂矣

山水 立軸

雪景圖 立軸 紙本

翎毛松 立軸 紙本

靈芝 冊頁一

文衡山工筆樓閣人物 掛軸 絹本

精能秀倩之品衡山工筆界畫

七少林家可寶是見賢書亦工

八十三叟所作山水帋本　挂軸

潘逸蒲叢菊舉与雪樵芸二

又山水　紙本　挂軸

又山水　絹本　挂軸

又松　絹本　挂軸

舊有冊頁四冊漂洋高那且有扇去

又冊頁十幅

唐子畏蘭亭圖　絹本　大挂軸

有(手)光題百餘字

又仙女採藥圖　絹本　挂軸

濃厚精深　似為宋人筆

後款只有半字唐寅乃定為六如作

又崔鶯鶯圖 帶本 真蹟 挂軸

有六如題詞可錄字妙甚

又武林送行圖 絹本 軸

又山水立軸 帶本

又山水絹本種竹圖 精妙之至

又山水絹本挂

仕女圖冊幅一

仇十洲西廂圖卷 絹本

神妙獨到 十洲少真蹟此可珍

宮女調鸚圖

白描蓬萊宮圖　帋本　軸

又韓熙載夜宴圖　一軸　絹本

孫秀穠治

又西廂圖　冊幅十　絹本　大著色　艷冶

又乘風破浪圖　絹本　巨

又眾美圖　絹本　軸

又美人圖 絹本 軸

又母弄嬰兒圖 冊頁一

又山水樓閣人物 冊頁一

盛虞摹秋亭雅集圖 紙本 掛軸

出名指樹新篁圖 潘逸超

惲之已盛虞與王端望名亦虞也

沈宣雪景山水圖 絹本 挂軸

鄭千里蓬萊宮闕圖 帋本 挂軸

萬歲華嚴

文嘉山水人物 立軸 紙本

文南雲山水 立軸 紙本

文震亨山水立軸紙本

世宗御筆花鳥立軸絹本

陳道復荷花立軸紙本

潞逸之臣

張復山水立軸紙本

張宏桃源圖卷絹本

謝時臣溪山風雨圖
立軸絹本

周之冕花鳥
立軸絹本

又雄雞
冊幅絹本

陸包山花卉
立軸紙本

尤求群仙獻壽圖 立軸 絹本

張文襄祝嘏物華妙也今落吾手

又仙槎圖 冊

曾鯨五十羅漢圖 卷 紙本

丁雲鵬菩薩三身像 立軸 紙本

李日華山水 絹本

董香光山水冊幅二 紙本

神妙超脫不食人烟火

又山水 立軸 紙本 雋逸之至真蹟可珍

又山水 立軸 絹本

沈昭松下放鶴圖 立軸 雋逸也

程嘉燧松　立軸紙本

項聖謨松石　立軸紙本

盛茂曄山水

李長蘅山水　立軸

朱之蕃佛像　立軸紙本

倪鴻寶山水　立軸紙本

藍田叔山水　仿荊関筆　立軸

又山水　立軸

又山水　立軸

滕王閣會宴圖　立軸絹本

又花果　立軸　紙本　深秀

李士達玉麟送子圖

又白描仙人像　立軸　絹本

徐天池花卉　冊幅　紙本　神妙

又鴨　立軸

高陽西湖圖　帋本　小軸

戴仍庵竹林七賢圖　絹本　立軸

又萬曆周嘉胄題竹林七賢圖　著名而超逸　立軸　紙本

趙焞夫墨牡丹

張平山山水　立軸　紙本

周順昌山水

歸莊牡丹　立軸　紙本

歸假庵（名世昌）墨竹　立軸　紙本

張二水英雄獨立圖 絹本軸

卞元瑜山水冊幅

譚志伊山水冊一頁

徐俟齋山水立軸 絹本

楊龍友山水 絹本四屏

方[illegible]可山水立軸 紙本

八大山人鳥　立軸紙本

石濤山水　立軸紙本

超逸離塵

又一紙本立軸

又一帋本軸

又山水四屛　紙本

題苦瓜道人

又山水立軸紙本

樹霄比

吾所藏四帋本此精妙

神妙獨到

石谿山水　立軸　紙本

農溪

漸江山水

無名氏山水

垢道人程邃山水　軸　帋本

無名氏仿李咸熙秋山行旅圖　絹本　精深蒼渾

國朝畫

中國畫學至國朝而衰弊極矣豈止衰弊至今郡邑無聞畫人者其遺餘二

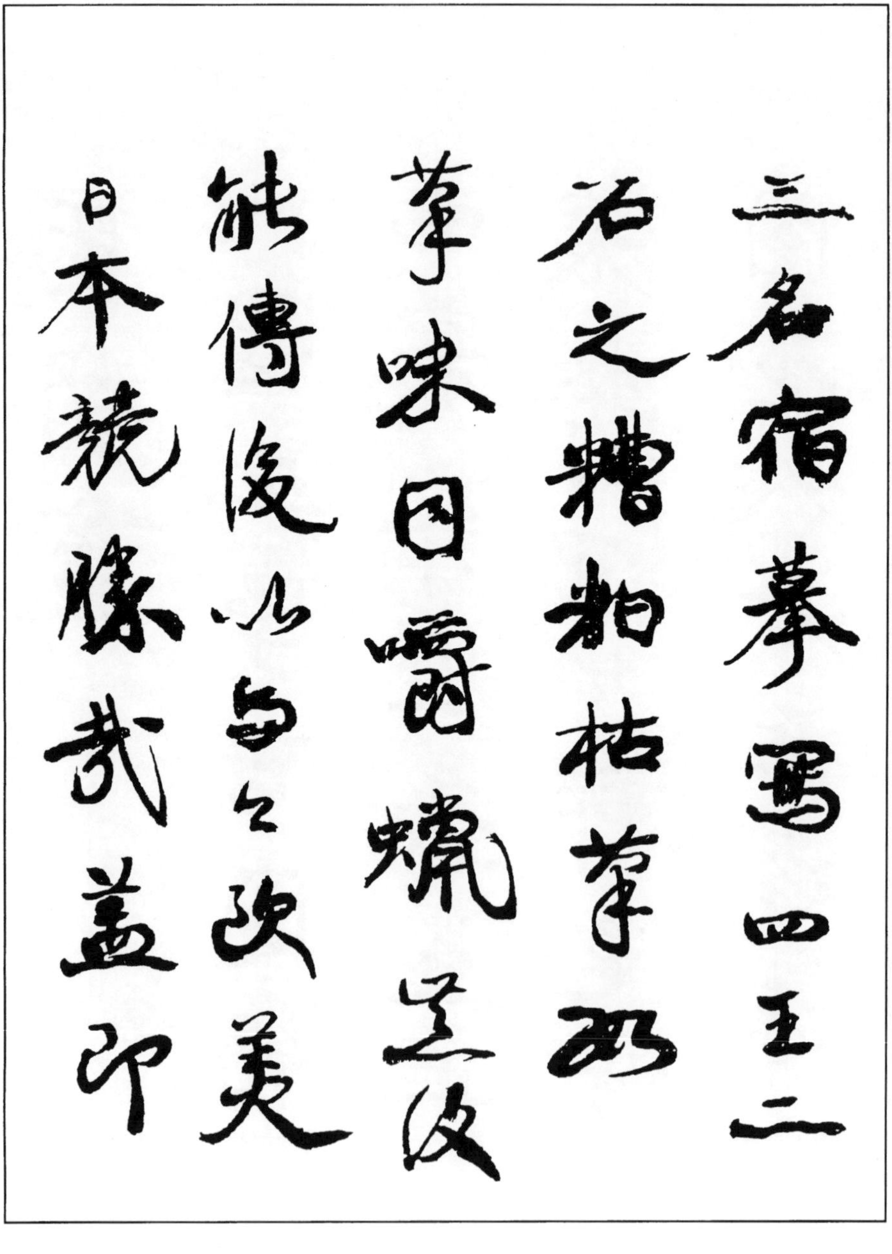
三名宿摹寫四王二
石之糟粕枯筆乃
筆味同嚼蠟足及
能傳後以與之改美
日本藤滕武蓋印

四王二石稍存元人逸筆已非唐宋正宗比之宋人已同鄶下差婢妾隸矣惟惲蔣二南妙麗有古人意

自修公一郎之貌藝兩取焉墨井寫傳郎世寧乃出西法它日當有合中西而來大家者日本已力

請之當以郎世寧
爲太祖矣如仍守
舊不變則中國畫
學應遂滅絕國
人豈無英絕之士
應運而興合中西而

為畫學新紀元於
吾友之手書題畫之
聖祖仁皇帝旭日外海圖
小冊紙本有諸臣題跋及
藏家印章
董皇后畫像

親王永瑢　絹本　冊幅

吳墨井山水　立軸　紙本

惲南田花卉　立軸　紙本

又山水　立軸　紙本

墊濤題甚妙，題款亦逸，雖是真蹟

又山水　立軸　紙本

吳梅村山水 立軸 紙本

王烟客山水 絹本 中四屏

王石谷山水 立軸 絹本

又山水 紙本 軸

又墨竹 王題詩 楊晉畫芭蕉 顧昉畫石 絹本

又山水冊 十二

王麓臺山水紙本軸
濃深是麓臺四十後作

又山水紙本

王圓照山水帋本軸

毛西河山水紙本立軸

萬壽祺福壽圖 絹本 軸

又山水人物 絹本 軸

顧見龍九老圖 絹本 軸

精妙

又園林美人 軸

又山賊藏弥陀圖 絹本 精現七

米天章箜篌圖 青綠山水樓閣人物

江竹花卉 紙本 軸

色厚態濃神似趙昌

張成龍山水 絹本 軸

焦秉貞仙山樓閣圖 絹本 軸

高妙華逸

龔賢山水冊八幅

馬江香玉繡球 絹本 軸 葉東卿藏

又山水 軸

又萬花 紙本 軸

梅瞿山山水 紙本 軸

又山水軸

鄒之麟閘山水軸 帋本

楊子鶴山水軸 帋本

又山水一冊頁 小幅紙本

徐溶石湖閣軸 帋本

高且園山水卷 帋本

又山水 紙本 軸

羅飯牛山水 紙本 軸

又羅牧山水 帋本 軸

李世倬山水 紙本 軸

王蓬心山水　帋本　軸

嚴繩孫山水　帋本　軸

張南華山水　帋本　軸

查二瞻山水　帋本　軸

又山水　帋本　軸

又山水　冊幀　紙本

沈南蘋花鳥 絹本 軸

又松鹿 絹本 軸

程松門山水 絹本 軸

十山七賢過關圖 紙本 軸

蔣南沙花卉　絹本　軸

又花卉冊十幅

錢南園柳陰牧馬圖　紙本　軸

團時根山水　紙本　軸

倣大癡高秀蒼潤僻性少見而畫筆俱絕紙本

紀大復山水紙本軸

尤水村山水絹本軸

畫筆用鐵針法如周臣

蔡霞四時讀書圖　紙本軸

夏四只蜀山行旅圖　紙本軸

吳山尊花鳥　紙本軸

潘恭壽山水二軸紙本
上有王夢樓題

陳南樓花卉紙本軸

錢維城花卉紙本軸
又山水長卷紙本

畫白花鳥　絹本軸

沈廷瑞浮嵐暖翠圖　紙本長幅

黎二樵青綠山水八幅　絹本屏

巖邃蒼深何書嘗有

又山水　紙本軸　已贈胡晴仲劉歷

金冬心梅花　紙本　軸

鄭板橋竹　紙本　軸

又竹　軸

蔣二壺山家花卉　紙本　冊頁

朱宣初花卉　絹本　冊頁

李復堂花卉紙本軸　墨梅

謝里甫先生山水軸　紙本

又山水絹本軸

又山水絹本十二幅冊

又山水八幅冊

祝南塘梅花 紙本 已贈沈子培尚書

新羅山人花鳥 軸

錢叔美山水 紙本 軸

精逸 叔美少有

又山水 紙本 軸

又墨梅花 紙本 軸 有何紹基題極佳

伊汀洲梅 軸 帝東

黄小松山水扇

吳況林楓橋送別圖卷 帝東

為黄小松畫題詩者乾嘉名士數十人

皆一時之名者殆備

筱平原伯牙鼓琴圖 軸 帝東

呂翔花卉 帝東 十二頁

蔣蓮山水人物 絹扇

為謝里甫先生寫 紗綢精逸

宋藻濱山水 絹本 小軸

呂務惟張弘啓合寫梅 紙本 軸

柏子庸竹 絹本 大掛軸

奇妙雋逸，而必與可

張琳宋寫阮文達草堂圖軸 帋本

汪寅玉花卉冊 帋本

又美人 帋本

黃穀原山水 与帋本 軸

黃孝子向堅自寫尋親圖

絹本軸
吳鐵生山水冊四幅
又山水冊四幅
吳蒙泉菊花紙本軸
孟麗堂花卉絹本軸

邊壽民花卉　帋本　冊四幅

又蘆雁　絹本　軸

程序伯山水　帋本　軸

吳退樓山水　帋本　軸

馮展雲中丞山水　扇

蒙而著山水　扇

費以耕山水人物

何丹山花鳥冊四頁 循東

李亭山人物花鳥

彭韶山水

陸恢山水

前有翁常熟題數行字

翁文恭以辛方書畫 冊 帋本

倣戴鹿牀筆題千作字

文倣石田畫花卉軸 帋本

曹倬荷石軸 絹本

羅寬山水 軸 絹 精深

二黃小松人

沈周山水 絹本 軸 有石渠寶笈印 墨精深山宋元 而沈周著名殆後增

周嵩山無量壽佛 帋本 軸

鄭如林山水 帋下 寫南宮戲墨 四屏

以上小名時代

默庭山水　絹本　精妙　古舊

冊幅一　似宋人

無齋羅漢圖　帶本金鈎

有妖魔氣

龍輝山水　絹本　精深

柚

務滋山水扇

樾南山水扇

徵山山房

潛雲山房寫 絹本 嘉慶人

以上有名而姓不考

吳鐵君佚士竹四屏

名不與為國事為袁世凱

所殺人觀其竹之風節概挺

鄧

鄧尚書小赤贈伯牙鼓琴圖

粵東尚書（名華熙）亦年逾年九十能畫來

港相見說及 先帝召揮淚吾所嬌詩

日相逢揮淚說 先皇出謀於此此畫高義存

先從伯父蕘仲廣文多拙丹

詩達榮工牡丹當時號爲康牡丹

先從父竹蓀廣文學梅竹
諱達節：二匠又生吾少從受
經者
之勝何梅理女士花卉
名金蘭冊頁四冊立軸十二
菩提葉寫羅漢十二葉
業名

丹青絢采華嚴莊風
有殿閣丹亭
太液池織畫人物
有高宗御製詩
受天百祿織畫
乾隆御
作羣鹿
丁巳五月蒙難避地

美陂飯院南槐樗
文藤名之曰美蘇
院杜門半載一身
面壁客中書書卷
一物欲郵所藏畫

来召被封没敬冒
險出未能也惴惴恐
憂重一身不自保
何況它外物然性癖
古畫戊戌抄没舊藏

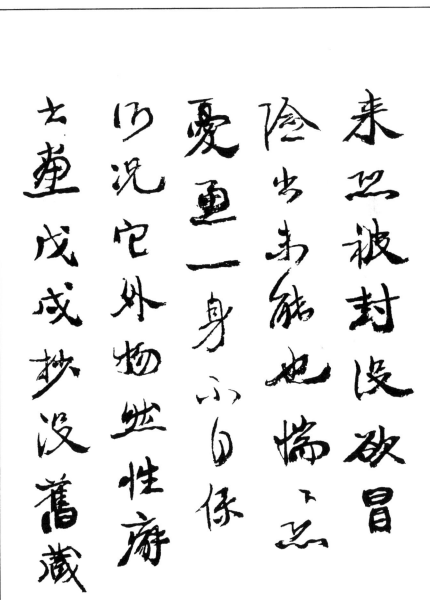

既畫中外環遊搜
羅歐美各國及突厥
波斯印度畫跡百
中國唐宋元明以來
畫跡百有極愛者
思之既不可得見乃

鄙畫目來閉戶端居
之暇乃寫所藏目錄
外國者不詳先寫中
國者姓名可考詮次
時代或及謬誤人名

亦多不考神游目想
聊以自娛素乎畫難
天游而跡存焉以後
未必再增所藏亦姑
寫傳同錢等模係
守之北京天早空手

僅有賸再寫兩藏
各國圖畫古器以
後之好事者一覽考
焉
丁巳十月康有為海存
父寫于美森院墨凝
筆枯硯凍書

萬木草堂藏中國畫目釋文

蔣貴麟

中國近世之畫衰敗極矣，蓋由畫論之謬也。請正其本，探其始，明其訓。爾雅云：畫，形也。廣雅：畫，類也。說文：畫，畛也。釋名：畫，挂也。書稱彰施五采作繪。論語繪事後素。然則畫以象形類物，界畫着色爲主，無能少議之。故陸士衡曰：宣物莫大於言，存形莫善于畫。張彥遠曰：留乎形容，式昭盛德之事，具其成敗，以傳既往之蹤，記傳所以敘其事，不能載其形，賦頌所以詠其美，不能備其象，圖畫之制，所以兼之，今見善足以勸，見惡足以戒也。若夫傳神阿堵，象形之迫肖云爾，非取神即可棄形，更非寫意即可忘形也，徧覽百國作畫皆同，故今歐美之畫與六朝唐宋之法同。惟中國近世以禪入畫，自王維作雪裏芭蕉始，後人誤尊之。蘇米撥棄形似，倡爲士氣，元明大攻界畫爲匠筆而擯斥之。夫士夫作畫，安能專精體物，勢必自寫逸氣以鳴高，故只寫山川，或間寫花竹，率皆簡率荒略，而以氣韻自矜。此爲別派則可，若專精體物，非匠人畢生專詣爲之，必不能精。中國既擯畫匠，此中國近世畫所以衰敗也。昔人誚畫匠，此中國畫所以衰敗也。昔人誚黃筌寫蟲鳥鳴引頸伸足爲謬，謂鳴時引頸則不伸足，伸足則不引頸。夫以黃筌之精工專詣猶誤謬，而謂士夫游藝之餘，能盡萬物之性歟？必不可得矣。然則專貴士氣，爲寫畫正宗，豈不謬哉。今特矯正之，以形神爲主，而不取寫意，以着色界畫爲正，而以墨筆粗簡者爲別派，士氣固可貴，而以院體爲畫正法，庶救五百年來偏謬之畫論，而中國之畫乃可醫而有進取也。今工商百器皆藉于畫，畫不改進，工商無可言，此則鄙人藏畫論畫之意，以復古爲更新，海內識者，當不河漢斯言耶。

唐畫

吾見唐畫鮮少，嚮見之亦不敢信。自敦煌石室發現有所信據，則唐畫以寫形爲主，色濃而氣厚，用筆多拙，尚有一二武梁祠畫像意，尊古者則愛其古，然精深妙麗，實不若宋人也。唐人未尚山水，故摩詰遂爲創祖，至五代荊關董巨，乃摹北宋眞山水而成宗，以開宋法，然實由變唐之板拙而導以生氣者，終非唐人所致。吾于唐也，仍以爲夏殷之忠質焉。

楊庭光地獄變相圖 立軸

始吾見唐畫不多，不敢決定。後見敦煌所出唐畫略同，乃信眞蹟。

鄭虔雁宕圖 長另盈丈 絹本

鄭廣文畫少，眞否難決也。然精深華密，自是宋元筆。

韋无忝人物 冊幅絹本

殷敍人物 冊幅絹本

李思訓蘆雁 立軸絹本或是明摹

李思訓宮室人物 立軸絹本

李昭道宮室人物 立軸絹本

此二李將軍畫並佳妙，然是摹本耳。

五代畫

荊關董巨之山水，徐熙黃筌周文矩之花鳥人物，貫休之佛像異獸，皆冠百代，爲畫宗師，盛矣哉，五代之畫也，由質而文之導師也。但宋無所不備，而五代諸名家皆入于宋，故吾總歸之宋畫而特尊之。

荊浩山水 絹本立軸 似是明後摹本

巨然山水猴鳥 立軸絹本

有吳仲圭題，神妙獨出，布局運筆，皆時人所無，與江南顧氏所藏筆法同眞蹟可寶。

貫休佛像 冊一幅絹本 獸 冊一幅絹本

南唐畫

徐熙花鳥 立軸絹本

周文矩唐明皇放蝶圖 立軸絹本

又士女圖 立軸絹本

後蜀

黃筌九安雙壽圖 立軸絹本

黃居寀花鳥 冊一幅

又花卉 冊一幅

黃居寶花鳥 立軸絹本

吳越

杜霄花蝶 冊幅一絹本

宋畫

畫至于五代，有唐之朴厚，而新開精深華妙之體。至宋人出而集其成，無體不備，無美不臻。且其時院體爭奇競新，甚且以之試士，此則今歐美之重物質，尚未之及。吾徧遊歐美各國頻觀于其畫院，考其十五紀前之畫，皆爲神畫，無少變化，若印度突厥波斯之畫，尤板滯無味，自檜以下矣。故論大地萬國之畫，當西十五紀前無有我中國若。即吾中國動尊張、陸、王、吳，大概亦出于尊古過甚。鄙意以爲中國之畫，亦至宋而後變化至極，非六朝唐所能及，如周之文監二代而郁郁，非夏殷所能比也。故敢謂宋人畫爲西十五紀前大地萬國之最，後有知者當能證明之。吾之搜宋畫爲考其源流，以令吾國人士知所從事焉。更甡

范中立雪景圖 一卷絹本

有黃山谷寒江釣雪詩大字，故爲范黃合璧。題者至夥，藏者印章如林。舊爲吾粵孔氏藏，名蹟也，珍護之。

高益七猛醒賢圖 一卷絹本

奇偉精警。宋劉道醇品，高益之物爲神品，畜獸在妙品，居黃筌父子及周文矩上。

徐崇矩花鳥 立軸絹本

郭河陽蘆花秋色圖 冊幅一絹本

蘇漢臣兩仙駕龍圖 絹本軸

易元吉寒梅雀兔圖 立軸絹本

油畫逼真，奕奕有神。

宋澥山水 冊幅一絹本

澥高逸無求，宋人品畫以與李成齊無比者。

油畫與歐畫全同，乃知油畫出自吾中國。吾意馬哥波羅得中國油畫，傳至歐洲，而後基多璉膩拉非爾乃發之。觀歐人畫院之畫，十五紀前無油畫可據，此吾創論，後人當可證明之。卽歐人十四紀十三紀有油畫，亦在馬可波羅後耳。

趙永年雪犬 冊幅一絹本

油畫奕奕如生 趙大年弟以畫大名者可寶

龔吉兔 冊幅一絹本

油畫

陳公儲畫龍 冊幅一絹本

油畫。公儲固以龍名，而此爲油畫，尤足資考證。以上皆油畫，國人所少見。沈子封布政，久于京師，閱藏家至多，而歎賞驚奇，詫爲未見。此關中外畫學源流，宜永珍藏之。

李龍眠佛像 冊幅一

又白描羅漢 長弓紙本 筆力奇絕

又白描羅漢 冊幅十二

王晉卿青綠山水 弓

又人物 立軸

李廸耆耋圖 卷絹本 妙逸入神

又幽禽茶竹圖 卷絹本

名家題跋及藏家印甚多，眞蹟佳者，二畫皆珍藏。

徐易荷花白鷺 立軸紙本

蝶 冊幅

道宏佛像

維眞和尚寫如來像

二畫皆高遠維眞寫人物在神品者。

崔白鷹 立軸絹本 絹少破裂，神氣如生。

徽宗九駿圖卷絹本

有徐天池張船山題，眞蹟可寶。

白鷹 立軸絹本

花鳥卷絹本

吳元瑜花卉 立軸紙本 宋人眞蹟。秀妙。

石恪佛像 冊幅一絹本

王凝貓蝶 冊幅一絹本

徐知常仙女採藥圖 絹本挂軸

辛成人物 冊幅一絹本

辛成寫畜獸在能品

樓觀人物 冊幅一絹本

蘇過山水 立軸絹本

題詩及畫筆，超邁活躍有父風。

張擇端清明上河圖

長弓四丈。絹本。精細如髮，人物數萬，精妙入神。有十洲印在弓末。當是十洲藏。即謂非眞，亦十洲以前物。

雷宗道神像 立軸紙本

賈公傑如來雙樹圖 立軸絹紙本

二畫爲佛像精妙者。

盧道寧山水 絹本軸精深

趙千里山水樓閣人物 立軸三絹本，一裂者穠深華妙，宜珍藏。

賞桂圖 立軸絹本已贈美公使芮恩施

端獻王趙頵花卉 立軸二皆絹本

北宋人，妙品雅逸。

趙伯驌洗馬圖

又海山樓閣圖

李晞古長夏江寺圖 卷絹本
名家箸錄，精妙之極，宜珍藏。
又山水樓閣人物 立軸絹本
馬興祖荷花白鷺 立軸絹本
劉松年山水殿閣人馬 立軸絹本
又人物 分四幅作弖 跋以書
又蘭亭修禊圖 弖絹本
又人物 冊幅
夏珪山水 大立軸絹本
雄厚奇逸、可寶。
馬遠雪景圖 立軸絹本
馬麟漁家樂圖 立軸絹本
神氣逸妙，吾所娛賞。
陳居中東坡洗硯圖 小立軸

魯宗貴大戲圖 立軸絹本

宗貴以畫犬知名。

趙子固花鳥 立軸絹本

又花鳥 冊幅二 精妙。

胡良史山水 立軸絹本 穠深。

孫玠花草 冊幅

李德柔山水 立軸絹本

朴拙甚，自是唐人遺意。

明達皇貴妃神像 冊十幅紙本 精奇。

姜泫似花鳥 立軸絹本

李從訓牧馬圖 絹本弓

錢舜舉靈芝獻壽圖 屏十二幅絹本

百花百鳥皆備，花鳥有中國所無，而南美洲乃有者。其着色亦有今所無者，若所布置色采神態，濃妙華深，冠絕後世，吾以比內府及日本東西京所藏大觀，若此者皆無之，爲玉潭生之神品，而希世之瓌寶也。內府及東西京皆據畫院所陳列。

又時苗歸犢圖 卷絹本

又桃源圖 弓絹本

又山水人物圖 弓絹本

二弓秀奪山綠神品也

國朝仁宗睿皇帝題賜大學士彭元瑞者。

宋無名氏雪景圖 大立軸絹本

穠深精妙，宋人之近唐者，吾最寶之。

宋無名氏畫人物花卉 十幅絹本

宋無名氏畫花卉山水人物 冊幅十、絹本、有北宋者。

第一幅御題，未審何帝。此畫册爲鄧完白累世藏本，其曾孫贈我者，我仍厚酬以六百金。精深華妙，得未曾有。

宋無名氏百鳥圖 弓絹本 筆妙精麗。

宋無名氏異獸圖 絹本軸

異獸數十，有頸長丈餘之剛角鹿，日人號爲麒麟者。歐人博物院所見出南非，而此有之，疑元時畫。元人地大，故見此。就論意筆，亦穠逸茂異，誠奇品也。

宋無名氏羅漢神異圖 絹本弓

廿二羅漢，着色布局，莫不偉異奇逸。

宋無名氏梅花美人圖 絹本挂軸 色相麗妙。

宋無名氏水村駈犢圖 絹本挂軸

宋無名氏山水 絹本挂軸

精深穠蒼，後人名家無由及之。

宋無名氏仙女採藥圖 大挂軸絹本 穠厚。

宋無名氏花鳥

宋元人作畫，多不題名。凡吾所藏宋人無名者皆佳品，卽巨然夏珪亦無名，不過據梅道人祝枝山而信之，卽其他題名者，亦豈足盡信，豈無後人妄加者。以畫之佳，不爲主可也，若此雪景異獸等圖，豈待主名哉。舊見黃居宷百鳥圖，今圖與之相仿彿也，皆可寶藏。

金畫 所藏無幾，無可置論。

虞仲文馬 冊幅絹本

李早白描回部騎兵大閱圖 長卷紙本

閱兵大觀超妙甚。又金人畫不易觀。李早亦名家固可珍。

元畫

中國自宋前，畫皆象形，雖貴氣韻生動，而未嘗不極尙逼眞，院畫稱界畫，實爲必然，無可議者，今歐人尤尙之。自東坡謬發高論，以禪品畫，謂作畫必須似，見與兒童鄰，則畫馬必須在牝牡驪黃之外，于是元四家大癡雲林叔明仲圭出，以其高士逸筆大發寫意之論，而攻院體，尤攻界畫，遠祖荊關董巨，近取營邱華原，盡掃漢晉六朝唐宋之畫，而以寫胸中邱壑爲尙，于是明清從之，爾來論畫之書，皆爲寫意之說，擯呵寫形，界畫斥爲匠體，羣盲同室，呶呶論日。後生攤書學畫，皆爲所蔽，奉爲金科玉律，不敢稍背繩墨，不則若犯大不韙，見屏識者。高天厚地，自作畫囚，後生既不能人人爲高士，豈能自出邱壑，只有塗墨妄偷古人粉本，謬寫枯澹之山水及不類之人物花鳥而已，若欲令之圖建章宮，千門百戶，或長揚羽獵之千乘萬騎，或清明上河之水陸舟車風俗，則瞠乎閣筆，不知所措。試問近數百年畫人名家能作此畫不？以舉中國畫人數百年不能作此畫，而惟模山範水梅蘭竹菊蕭條之數筆，則大號曰名家，以此而與歐美畫人競，不有如持抬鎗以與五十三生的之大砲戰乎？蓋中國畫學之衰，至今爲極矣，則不能不追源作俑以歸罪于元四家也。夫元四家皆高士，其畫超逸澹遠，與禪之大鑒同。卽歐人亦自有水粉畫墨畫，亦以逸澹開宗，特不尊爲正宗，則于畫法無害。吾于四家未嘗不好之，甚至以爲逸品，不奪唐宋之正宗云爾。惟國人陷溺甚深，則不得不大呼以救正之也。

趙子昂秋林馳馬圖　立軸絹本着色

結束院畫象形之終，開元四家寫意之始，氣韻生動，神品也。且關畫學正變源流，珍藏之。
又高臥圖 卷紙本 逸品
又八駿圖 大橫軸、廣盈丈、紙本
神奇變化，前無古人，後無來者。
又山水圖 絹本冊幅一 神妙
又青綠山水 絹本立軸 當是摹本
又山水圖 立軸絹本
作峭崖垂藤勒馬渡橋，秀峭甚。
趙管合璧 卷各一幅 已贈壻羅昌及女同璧
管夫人竹 立軸絹本
又竹 冊幅紙本
趙仲穆人物 冊幅一 精品
又馬 冊幅一 精品
又蘇武牧羊圖 卷 精品

又松下吹簫圖 絹本軸 秀采

趙子俊人獸 冊幅一

王振鵬羅漢圖 八幅冊 精采

又鄉俗圖 二幅冊

王若水花鳥 立軸絹本

又蘆雁 立軸二絹本

又山水 冊

盛洪岩下女仙馴象圖 絹本挂軸

耶律楚材花卉 立軸絹本

色采神態皆絕出。相業之隆而藝精若此。已贈美公使芮恩施。

胡庭暉青綠山水 立軸絹本 精深

顏秋月桃源圖 立軸絹本

精能之至，歐畫無以尚之，界畫之工，歎觀止矣。

馮君道花卉 立軸絹本 深穠

又枯木寒鴉圖 橫軸
又山水花鳥 冊幅
王叔明山水 卷紙本 廿三歲作，已精深同晚歲。
太清道人奕郡王繪藏，並有題詞，副福晋顧太清詩詞各一。
葛仙移居圖 卷紙本
又山水 冊幅
又山水 絹本立軸 武億題簽
吳仲珪山水 立軸二、皆紙本。
又漁舟圖 紙本軸 海山仙館舊藏
又風雨歸舟圖 立軸
倪雲林山水 立軸 似摹本
吾無大癡畫爲缺典，亦無營丘南宮畫。
盛子昭層巒疊嶂圖 立軸絹本 雄蒼
又人物 冊幅

丁野夫灌口搜山圖 弓

弓長數丈，神怪雜沓，奇偉無倫。

方方壺山水 立軸紙本

神似范中立高泮甚矣。

又山水 冊幅一

曹知白寫趙文敏像 立軸

題者如林，精品也。

王珪松屋箸書圖 紙本軸

高暹馬 冊幅

亦油畫，與前各油畫合册。寫瘦馬迫眞，珍品。

田景延人物 冊幅

元無名氏金山圖 立軸絹本

元無名氏山水人物 立軸二 濃深渾蒼之至。

元無名氏李太白草答蠻書圖 立軸絹本 又有名楊妃捧硯圖

元無名氏魚蝦 絹本卷

元無名氏花鳥 立軸絹本

元無名氏劉阮天台圖 立軸紙本

元無名氏山水人物 絹本軸 精深

元無名氏青綠山水 絹本軸 深穠之至。

宋元人作畫，多不題名，其無名者，率多眞蹟佳。

冷謙花卉 絹本冊幅

余穉花鳥 立軸絹本

余穉無考，畫似元人，故附焉。

明畫

凡物窮則變，宋畫精工既極，自不得不變爲逸瀞，亦猶朱學盛極，陽明學出焉。明代雖宗元四家，至人家不懸雲林畫，以爲俗物，然去宋不遠，明中葉前，畫人多學宋畫，故雖不知名之畫人，亦多有精深華妙之畫，至可觀矣。至晚明元四家一統畫說，香光主盟，畫人多逸筆，即學元畫，亦有取焉。

徐幼文山水 立軸絹本 超逸之至

王孟端山水 立軸絹本 精奇高妙，與幼文方駕。

又山水 紙本軸 此學梅道人者。

宋克山水 冊幅 宋克在明初山水名至高。

戴文進山水 立軸

王廷直人物 冊幅八 渲染逼眞，此乃畫正格，不能以弱議之。

方鉞花鳥

林良河伯圖 立軸

又鶴石 冊幅一

王寵松石 絹本軸

沈石田西池夜宴圖 卷紙本

明人題者數十，蒼渾高古，眞蹟之有據者。吾石田畫甚多，以此爲最。

春試馬圖 大立軸紙本

雄秀絕俗。戊戌抄沒，始得此畫於香港癸卯除夕也。

山水長弓 數丈絹本　破裂矣

山水 立軸

雪景圖 立軸紙本

翎毛松 立軸紙本

靈芝 冊頁一

文衡山工筆樓閣人物 絹本挂軸

精能秀倩之至。衡山工筆界畫甚少，故最可寶，且見賢者無不工。

八十三歲所作山水 紙本挂軸

澹逸蕭蒼荒率與雲林無二。

又山水 紙本挂軸

又山水 絹本挂軸

又松 絹本挂軸

舊有冊頁四冊，澹渾高妙，且有扇書。

又册頁十幅

唐子畏蘭亭圖 絹本大挂軸 有香光題百餘字

又仙女採藥圖 絹本挂軸

穠厚精深。始以爲宋人筆，後察知有半字唐寅乃定爲六如作。

又崔鶯鶯圖 紙本挂軸 眞蹟

有六如題詞百餘字，妙麗甚。

又武林送行圖 絹本軸

又山水立軸 紙本

又山水 絹本種竹圖，精妙之至。

又山水 絹本軸

俠女圖 册幅一

仇十洲赤壁圖 弓絹本

神妙獨到，十洲少眞蹟，此可珍。

白描宮女調鸚圖 紙本軸

又韓熙載夜宴圖 絹本軸 深秀穠冶。
又西廂圖 冊幅十、絹本 大着色艷冶。
又乘風破浪圖 絹本弓
又衆美圖 絹本軸
又美人圖 絹本軸
又毋弄嬰兒圖 冊頁一
又山水樓閣人物 冊頁一
盛虞摹秋亭雅興圖 紙本挂軸
亦名枯樹新篁圖。瀟逸超渾之至。盛虞與王端齊名不虛也。
沈宣雪景山水圖 絹本挂軸
鄭千里蓬萊宮闕圖 紙本挂軸 高妙華穠。
文嘉山水人物 立軸紙本
文南雲山水 立軸紙本
文震亨山水 立軸紙本

世宗御筆花鳥 立軸絹本

陳道復荷花 立軸紙本 瀟逸之至。

張復山水 立軸紙本

張宏桃源圖 卷絹本

謝時臣溪山風雨圖 立軸絹本

周之冕花鳥 立軸絹本

又雄雞 冊幅絹本

陸包山花卉 立軸紙本

尤求羣仙獻壽圖 立軸絹本

張文襄祝嘏物，華妙甚，今落吾手。

曾鯨五十羅漢圖 紙卷本

又仙槎圖 冊

丁雲鵬菩薩三身像 立軸紙本

李日華山松 絹本

董香光山水 冊幅二紙本 神妙超脫，不食人烟火。
又山水 立軸紙本 澹逸之至，眞蹟可珍。
又山水 立軸絹本
沈昭松下放鶴圖 立軸 澹逸甚。
程嘉燧松 立軸紙本
項聖謨松石 立軸紙本
盛茂曄山水
李㫒衡山水 立軸
朱之蕃佛像 立軸紙本
倪鴻寶山水 立軸紙本
藍田叔山水 仿荆關筆立軸
又山水 立軸
又山水 立軸
滕王閣會宴圖 立軸絹本

又花果 立軸紙本 深秀

李士達玉麟送子圖 立軸絹本

又白描仙人像

徐天池花卉 冊幅紙本 神妙

又鴨 立軸

高陽西湖圖 紙本小軸

戴仍庵竹林七賢圖 立軸絹本

又萬曆周嘉胄題竹林七賢圖 無名而超逸

趙焞夫墨牡丹 立軸紙本

張平山山水 立軸紙本

周順昌山水

歸莊牡丹 立軸紙本

歸假菴名世昌墨竹 立軸紙本

張二水英雄獨立圖 絹本軸

卞元瑜山水 冊幅

譚志伊山水 冊一頁

徐侅齊山水 立軸絹本

楊龍友山水 紙本四屏

方無可山水 立軸紙本

八大山人鳥 立軸紙本

石濤山水 立軸紙本 超逸離塵 又一紙本立軸 又一紙本軸

又山水 四屏紙本 題苦瓜道人

又山水 立軸紙本 樹靄皆神妙獨到。吾所藏四紙本皆精妙。

石谿山水 立軸紙本 濃深。

漸江山水

無名氏山水

垢道人程邃山水 紙本軸

無名氏仿李咸熙秋山行旅圖 絹本 精深蒼渾。

國朝畫

中國畫學，至國朝而衰弊極矣。豈止衰弊，至今郡邑無聞畫人者，其遺餘二三名宿，摹寫四王二石之糟粕，枯筆數筆，味同嚼蠟，豈復能傳後，以與今歐美日本競勝哉？蓋即四王二石稍存元人逸筆，已非唐宋正宗，比之宋人已同鄶下，無非無議矣。惟惲蔣二南妙麗有古人意，自餘則一邱之貉，無可取焉。墨井寡傳，郎世寧乃出西法，他日當有合中西而成大家者，日本已力講之，當以郎世甯爲太祖矣。若仍守舊不變，則中國畫學，應遂滅絕，國人豈無英絕之士，應運而興，合中西而爲畫學新紀元者，其在今乎，吾斯望之。

聖祖仁皇帝旭日升海圖

小冊紙本 有諸臣題跋及藏家印章

董皇后畫像

親王永瑢 絹本冊幅

吳墨井山水 立軸紙本

惲南田花卉　立軸紙本
又山水　立軸紙本　畫瀟逸高妙，題款亦逸，確是眞蹟。
又山水　立軸紙本
吳梅村山水　立軸紙本
王烟客山水　絹本小四屛
王石谷山水　立軸絹本
又山水　紙本軸
又墨竹兼題詩，楊晉畫芭蕉，顧昉畫石。絹本
又山水　冊十二
王麓臺山水　紙本軸　濃深，是麓臺四十後作。
又山水　紙本
王圓照山水　紙本軸
毛西河山水　紙本立軸
萬壽祺福祿壽圖　絹本軸

又山水人物 絹本軸
顧見龍九老圖 絹本軸 精妙
又園林美人 軸
又丐賊戲彌陀圖
朱天章笠簑圖 絹本 精麗甚，青綠山水樓閣人物。
江介花卉 紙本軸 色厚態濃，神似趙口。
張成龍山水 絹本軸
焦秉貞仙山樓閣圖 絹本軸 奇妙華逸
龔賢山水 冊八幅
馬江香玉繡球 絹本軸 葉東卿故物
又山水 軸
又山水 軸
又菊花 紙本軸
梅瞿山山水 紙本軸

邵應闈山水 軸

楊子鶴山水 軸紙本

又山水册頁 紙本六幅

徐溶石湖圖 軸紙本

高旦園山水 弖紙本

又山水 軸紙本

羅飯牛山水 軸紙本

又羅牧山水 軸紙本

李世倬山水 軸紙本

王蓬心山水 軸紙本

嚴繩孫山水 軸紙本

張南華山水 軸紙本

查二瞻山水 軸紙本

又山水 軸紙本

又山水 紙本册幅

沈南蘋花鳥 絹本軸

又松鹿 絹本軸

程松門山水 紙本軸

十山七賢過關圖 紙本軸

蔣南沙花卉 絹本軸

又花卉 冊十幅

錢南園柳陰牧馬圖 紙本軸

團時根山水 紙本軸

倣大癡高秀蒼渾。僻姓少見，而畫筆佳絕。

紀大復山水 紙本軸

尤水村山水 紙本軸

畫筆用纖針法如周臣。

蔡震四時讀書樂圖 紙本軸

夏四只蜀山行旅圖 紙本軸

吳山尊花鳥 紙本軸

潘恭壽山水二紙本軸　皆有王夢樓題

陳南樓花卉紙本軸

錢維城花卉紙本軸　又山水長弓紙本

吳白花鳥絹本軸

沈廷瑞浮嵐暖翠圖紙本長弓

黎二樵青綠山水八幅絹本屏

濃逸蒼深，得未曾有。又山川紙本軸已贈胡惜仲閣丞。

金冬心梅花紙本軸

鄭板橋竹紙本軸

又竹軸

蔣二壺山水花卉紙本冊頁

朱宣初花卉絹本冊頁

李復堂花卉紙本軸墨梅

謝里甫先生山水紙本軸

又山水 絹本軸

又山水 紙本十二幅冊

又山水 八幅冊

祝南塘梅花 弓紙本 已贈沈子培尚書

新羅山人花鳥 軸

錢叔美山水 紙本軸 精逸。叔美少有。

又山水 紙本軸

又墨梅花 紙本軸 有何紹基題，極佳。

伊汀洲梅 紙本軸

黃小松山水 扇

吳侃叔楓橋送別圖 紙本卷

爲黃小松畫。題詩者乾嘉名士數十人，皆一時知名者殆備。

管平原伯牙鼓琴圖 紙本軸

呂翔花卉 紙本十二頁

蔣蓮山水人物 絹扇 爲謝里甫先生寫。妙細精逸。

宋葆淳山水 絹本小軸

呂荔帷張忍齊合寫梅 紙本軸

招子庸竹 紙本大挂軸 奇妙雋逸，不必與可。

張叔未寫阮文達草堂圖 紙本軸

汪賓玉花卉 冊紙本

又美人 紙本軸

黃穀原山水 紙本弓

黃孝子向堅自寫尋親圖 紙本軸

奚鐵生山水 冊四幅

又山水 冊四幅

奚蒙泉菊花 紙本軸

孟麗堂花卉 紙本軸

邊壽民花卉 紙本冊四幅

又蘆雁 絹本軸

程序伯山水 絹本軸

吳退樓山水 紙本軸

馮展雲中丞山水 扇

蒙而著山水 扇

費以耕山水人物

何丹山花鳥 冊四頁絹本

李卓山人物花鳥

彭韶山水

陸恢山水 有翁常熟題數百字扇

翁文恭公卒前書畫 紙本弓

倣戴鹿林筆題千餘字

又倣石田畫花卉 紙本軸

曹偉荷石 絹本軸

羅寬山水 絹軸 精深 二者似明人
沈閎山水 絹本軸 有石渠寶笈印，畫精深似宋元。而沈閎無名，殆後增。
周嵩山無量壽佛 紙本軸
鄧如林山水 紙本四屏 寫南宮潑墨
以上不知時代
默遲山水 絹本冊幅一 精妙古舊似宋人。
海崙羅漢圖 紙本弓 金鈎妙麗甚。
韞輝山水 絹本軸 精深。
務滋山水 扇
樾南山水 扇
微山山水
澮雲山水 絹本弓 嘉慶人
以上有名，而姓不可考。
梁鐵君俠士竹 四屏

名爾煦，爲國事爲袁世凱所殺。今觀其竹亦復節概挺勁。

鄧尚書小赤贈伯牙鼓琴圖 紙本

尙書名華熙。前年逝，年九十，能畫。香港相見，說及先帝卽揮淚。吾卽贈詩曰：「相逢揮淚說先皇」。忠謀若此。此畫高秀可存。

先從伯父彝仲廣文公牡丹

諱達棻，工牡丹，當時號稱康牡丹。

先從叔父竹蓀廣文公梅竹

諱達節。二從父皆吾少從受經者。

亡媵何旃理女士花卉

名金蘭 冊頁四冊 立軸十二

菩提葉寫羅漢 十二葉無名　丹青絢采，華嚴莊麗。

太液池織畫

有殿閣舟亭人物，有高宗御製詩。

受天百祿織畫 乾隆時作羣鹿

丁巳五月蒙難，避地美使館，院前槐樗交蔭，名之曰美森院。杜門半載，一身面壁，室中空空無一物，欲郵所藏畫來，恐被封沒，欲冒險出未能也，惴惴恐憂，兼一身不自保，何況他外物，然性癖書畫，戊戌抄沒，舊藏既盡，中外環游後，搜得歐美各國及突厥波斯印度畫數百，中國唐宋元明以來畫亦數百，有極愛者，思之既不可得見，乃郵畫目來，閉戶端居之暇，乃寫所藏目錄，外國者不詳，先寫中國者，無書可考，詮次時代或多謬誤，人名亦多不考，神游目想，聊以自娛。素乎患難，天游而默存焉。以後未知再增所藏不？姑寫傳同籛等愼保守之。北京天早寒，手僵，有暇再寫所藏各國圖畫古器，以後之好事者有考焉。

丁巳十月康有爲游存父寫于美森院，墨凝筆枯，呵凍書。